par A. H. Hennet,

D'après Girard.

PÉTITION

A L'ASSEMBLÉE NATIONALE;

PAR

MONTAIGNE, CHARRON, MONTESQUIEU ET VOLTAIRE;

SUIVIE

D'UNE CONSULTATION

EN POLOGNE ET EN SUISSE.

A PARIS,

Chez DESENNE, Libraire, au Palais-Royal.

1791.

EPITRE DÉDICATOIRE

A UN ENFANT.

EMILE, *cher & malheureux Enfant,* *c'est le desir de t'être utile qui me donna l'idée de ce Recueil, & c'est à toi que je le dédie, quoique tu ne puisses le lire encore.*

Fruit d'un himen mal assorti, né d'un père & d'une mère que la haine divisait, à peine ta sixième année est finie, & déjà tu comptes six ans de malheurs!

La Nature & la Fortune t'avaient comblé de leurs dons: une constitution saine, une figure agréable, un esprit facile, un bon cœur, un riche patrimoine, tout a disparu.

Et comment, entouré de douleurs & de souffrances, ta santé se serait-elle conservée? Comment ton esprit pouvait-il être cultivé dans l'abandon & le désordre d'un mauvais ménage? Comment pouvait se former ton ame, dans une école de haine, de soupçons, de mensonges, d'injustices & de violences ? Quels soins, quelles leçons, quels exemples sur-tout, pouvais-tu recevoir de deux êtres ennemis l'un de l'autre, sans cesse occupés à se contrarier, à se harceler ? Comment enfin ta Fortune aurait-elle résisté à l'insouciant accablement de ta mère, aux honteuses dissipations de ton père ? Santé, esprit, vertu, fortune, EMILE a tout perdu par les funestes & inévitables effets d'un mariage mal assorti.

Enfant infortuné, c'est au milieu de ces orages que se passèrent les trois premières années de ta vie. Enfin, la séparation de corps, cette honte éternelle de l'ancienne Jurisprudence Française, vint arracher un esclave à son tiran ; mais ce secours impuissant ne te rendit ni à la vertu ni au bonheur. Depuis trois ans, tu vas voir, par intervalles, à travers la grille d'un triste parloir, ta mère innocente, prisonnière & privée de son fils, tandis que le coupable père, près de qui tu es resté, te donne à regret quelques minutes d'un temps, quelques portions d'un argent dissipés dans le jeu ou dans la débauche.

Eh bien ! le croirais-tu, cher EMILE ? cette indissolubilité conjugale qui t'a tout ravi, c'est en ton nom qu'on ose la défendre. Cette loi salutaire du Divorce, qui seule peut terminer tes maux, c'est par égard pour toi qu'on voudrait la proscrire.

Ah ! si jamais ta sensibilité première se ranime, tu ne comprendras pas qu'on ait voulu, par une pitié apparente pour le fils, faire une injustice réelle aux parens ; tu ne comprendras pas que l'on ait cru leur malheur nécessaire à ton intérêt ; & cela fût-il vrai, tu détesterais un avantage si chèrement acheté.

Mais toi-même, un jour, tu peux être uni par des liens insupportables ; ah ! si alors tu ne pouvais réclamer la loi du Divorce, avec quelle amertume tu dirais à ses adversaires : cruels, pour l'intérêt de mon enfance, vous avez fait le malheur de ma vie ; insensés, ne saviez-vous pas que les enfans deviennent des hommes.

Détracteurs du Divorce, venez voir mon EMILE : non, en éternisant le supplice de ses pères, vous n'aurez pas même été utile à son enfance. Voyez-le, faible, pâle, mélancolique, ignorant, vicieux, ruiné. Laissez-moi réclamer pour lui le Divorce, qui seul peut sauver les débris de sa santé, de sa raison, de sa fortune, & quand cette loi bienfaisante aura rendu trois êtres au bonheur, à la vertu, à la liberté ; convenez avec moi :

Que l'ami du Divorce est l'ami de l'Enfance.

PÉTITION

A

L'ASSEMBLÉE NATIONALE,

PAR MONTAIGNE, CHARRON, MONTESQUIEU ET VOLTAIRE.

EXTRAIT

DES ESSAIS DE MONTAIGNE.

Volume II, Chapitre XLII.

Nous avons pensé attacher plus ferme le nœud de nos mariages, pour avoir osté tout moyen de les dissoudre ; mais d'autant s'est dépris & relasché le nœud de la volonté & de l'affection, que celui de la contrainte s'est estrecy. Et au rebours, ce qui tint les mariages à Rome si long-temps en honneur & en sûreté,

A

fut la liberté de les rompre qui voudroit. Ils gardoient mieux leurs femmes, d'autant qu'ils les pouvoient perdre : & en pleine licence de divorces, il se passa cinq cents ans & plus, avant que nul s'en servist.

EXTRAIT

DE LA SAGESSE,

PAR CHARON.

Livre premier, Chapitre XLII.

. . . . S'IL advient d'avoir mal rencontré, s'être mécompté au choix & au marché, & que l'on ait pris plus d'or que de chair, l'on demeure misérable toute sa vie. Quelle iniquité & injustice pourroit être plus grande que, pour une heure de fol marché, pour une faute faite sans malice & par mégarde, & bien souvent pour obéir, & suivre l'avis d'autrui, l'on soit obligé à une peine perpétuelle ? Il vaudroit mieux se mettre la corde au col, & se jetter en la mer, la tête la première, pour finir ses jours bientôt, que d'être toujours aux peines d'enfer, & souffrir sans cesse à son côté la tempête d'une jalousie, d'une malice, d'une rage & manie, d'une bêtise opiniâtre, & autres misérables conditions. Dont l'un a dit que qui avoit inventé ce nœud & lien du mariage, avoit trouvé un bel & spécieux expédient pour

ſe venger des humains, une chauſſe-trape ou
un filet pour attraper les bêtes, & puis les
faire languir à petit feu. L'autre a dit que
marier un ſage avec une folle, ou au rebours,
c'eſtoit attacher le vif avec le mort ; qui étoit
la plus cruelle mort inventée par les tyrans,
pour faire languir & mourir le vif par la
compagnie du mort.

EXTRAIT

DES LETTRES PERSANNES,

PAR MONTESQUIEU.

Lettre CXVI. Ufbek à Rhédi.

LE divorce étoit permis dans la religion Payenne, & il fut défendu aux Chrétiens. Ce changement, qui parut d'abord de fi petite conféquence, eut infenfiblement des fuites terribles, & telles qu'on peut à peine les croire.

On ôta non feulement toute la douceur du mariage, mais auffi l'on donna atteinte à fa fin : en voulant refferrer fes nœuds, on les relâcha ; &, au lieu d'unir les cœurs, comme on le prétendoit, on les fépara pour jamais.

Dans une action fi libre, & où le cœur doit avoir tant de part, on mit la gêne, la néceffité & la fatalité du deftin même. On compta pour rien les dégoûts, les caprices & l'infociabilité des humeurs : on voulut fixer le cœur, c'eft-à-dire, ce qu'il y a de plus variable & de plus inconftant dans la nature ; on attacha, fans retour & fans efpérance, des gens accablés

l'un de l'autre, & prefque toujours mal affor-
tis ; & l'on fit comme ces tyrans qui faifoient
lier des hommes vivans à des corps morts.

Rien ne contribuoit plus à l'attachement
mutuel, que la faculté du divorce : un mari &
une femme étoient portés à foutenir patiem-
ment les peines domeftiques, fachant qu'ils
étoient maîtres de les faire finir ; & ils gardoient fouvent ce pouvoir en main toute.leur
vie, fans en ufer, par cette feule confidération
qu'ils étoient libres de le faire.

Il n'en eft pas de même des Chrétiens, que
leurs peines préfentes défefpérent pour l'ave-
nir. Ils ne voyent, dans les défagrémens du
mariage, que leur durée, &, pour ainfi dire,
leur éternité : de-là viennent les dégoûts, les
difcordes, les mépris, & c'eft autant de perdu
pour la poftérité. A peine a-t-on trois ans de
mariage, qu'on en néglige l'effentiel : on paffe
enfemble trente ans de froideur ; il fe forme
des féparations inteftines auffi fortes, & peut-
être plus pernicieufes que fi elles étoient pu-
bliques : chacun vit & refte de fon côté ; &
tout cela au préjudice des races futures. Bientôt un homme, dégoûté d'une femme éternelle, fé livrera aux filles de joie : commerce
honteux & fi contraire à la fociété, lequel,

sans remplir l'objet du mariage, n'en repré-
sente tout au plus que les plaisirs.

Si, de deux personnes ainsi liées, il y en a
une qui n'est pas propre au dessein de la
Nature & à la propagation de l'espèce, soit
par son tempérament, soit par son âge, elle
ensevelit l'autre avec elle, & la rend aussi inu-
tile qu'elle l'est elle-même.

Il ne faut donc point s'étonner si l'on voit
chez les Chrétiens, tant de mariages fournir
un si petit nombre de citoyens. Le divorce est
aboli; les mariages mal assortis ne se racom-
modent plus.

Il est assez difficile de faire bien comprendre
la raison qui a porté les Chrétiens à abolir le
divorce. Le mariage, chez toutes les nations
du monde, est un contrat susceptible de toutes
les conventions; & on n'en a dû bannir que
celles qui auroient pu en affoiblir l'objet;
mais les Chrétiens ne les regardent pas dans
ce point de vue; aussi ont-ils bien de la peine
à dire ce que c'est. Ils ne le font pas consister
dans le plaisir des sens; au contraire, comme
je te l'ai déjà dit, il semble qu'ils veulent l'en
bannir autant qu'ils peuvent : mais c'est une
image, une figure, & quelque chose de mysté-
rieux que je ne comprends point.

De Paris, le 19 de la Lune de Chabban 1718.

EXTRAIT

DE L'ESPRIT DES LOIX,

PAR MONTESQUIEU.

LIVRE XVI, CHAPITRE XV.

Du Divorce & de la Répudiation.

Il y a cette différence entre le Divorce & la Répudiation, que le Divorce se fait par un consentement mutuel à l'occasion d'une incompatibilité mutuelle; au lieu que la Répudiation se fait par la volonté & pour l'avantage d'une des deux parties, indépendamment de la volonté & de l'avantage de l'autre.

Il est quelquefois si nécessaire aux femmes de répudier, & il leur est toujours si fâcheux de le faire, que la loi est dure, qui donne ce droit aux hommes, sans le donner aux femmes. Un mari est maître de la maison; il a mille moyens de tenir, ou de remettre sa femme dans le devoir; & il semble que, dans ses mains, la répudiation ne soit qu'un nouvel abus de sa puissance. Mais une femme qui répudie, n'exerce qu'un triste remède. C'est toujours un grand malheur pour elle d'être contrainte d'aller chercher un fecond mari, lorfqu'elle a perdu la plupart de fes agrémens chez un autre. C'eft un des avantages des charmes de la jeuneffe dans les femmes, que, dans un âge avancé, un mari fe porte à la bienveillance par le fouvenir de fes plaifirs.

C'eft donc une règle générale, que, dans tous les pays où la loi accorde aux hommes la faculté de répudier, elle doit auffi l'accorder aux femmes. Il y a plus : dans les climats où les femmes vivent fous un efclavage domeftique, il femble que la loi doive permettre aux femmes la répudiation, & aux maris feulement le divorce.

La loi des Maldives permet de reprendre une femme qu'on a répudiée. La loi du Mexique défendoit de fe réunir, fous peine de la vie. La loi du Mexique étoit plus fenfée que celle des Maldives ; dans le temps même de la diffolution, elle fongeoit à l'éternité du mariage, au lieu que la loi des Maldives femble fe jouer également du mariage & de la répudiation.

La loi du Mexique n'accordoit que le divorce. C'étoit une nouvelle raifon pour ne point permettre à des gens qui s'étoient volontairement féparés, de fe réunir. La répudiation femble plutôt tenir à la promptitude de l'efprit, & à quelque paffion de l'ame ; le divorce femble être une affaire de confeil.

CHAPITRE XVI.

De la Répudiation & du Divorce chez les Romains.

ROMULUS permit au mari de répudier fa femme, fi elle avoit commis un adultère, préparé du poifon, ou falfifié les clefs. Il ne donna point aux femmes le droit de répudier leur mari. Plutarque appelle cette loi, une loi très-dure.

Comme la loi d'Athènes donnoit, à la femme auffi bien qu'au mari, la faculté de répudier, & que l'on voit que les femmes obtinrent ce droit fur les premiers Romains, nonobftant la loi de Romulus, il eft clair que cette inftitution fut une de celles que les députés de Rome rapportèrent d'Athènes, & qu'elle fut mife dans les Loix des Douze-Tables.

Cicéron dit que les caufes de répudiation venoient de la Loi des Douze-Tables. On ne peut donc pas douter que cette loi n'eût augmenté le nombre des caufes de répudiation établies par Romulus.

La faculté du divorce fut encore une difpo-
fition, ou du moins une conféquence de la
Loi des Douze-Tables. Car dès le moment que
la femme ou le mari avoit féparément le droit
de répudier, à plus forte raifon pouvoient-ils
fe quitter de concert, & par une volonté
mutuelle.

La loi ne demandoit point qu'on donnât des
caufes pour le divorce. C'eft que, par la nature de la chofe, il faut des caufes pour la
répudiation, & qu'il n'en faut point pour le
divorce ; parce que là où la loi établit des
caufes qui peuvent rompre le mariage, l'incompatibilité mutuelle eft la plus forte de toutes.

Denis d'Alicarnaffe, Valere-Maxime & Au-
lugelle, rapportent un fait qui ne me paroît
pas vraifemblable ; ils difent que, quoiqu'on
eût à Rome la faculté de répudier fa femme,
on eut tant de refpect pour les aufpices, que
perfonne, pendant cinq cent vingt ans, n'ufa
de ce droit jufqu'à *Carvilius Ruga*, qui répudia
la fienne pour caufe de ftérilité. Mais il fuffit
de connoître la nature de l'efprit humain,
pour fentir quel prodige ce feroit, que la loi
donnant à tout un peuple un droit pareil,
perfonne n'en ufât. Coriolan, partant pour
fon exil, confeilla à fa femme de fe marier à

un homme plus heureux que lui. Nous venons de voir que la Loi des Douze-Tables, & les mœurs des Romains, étendirent beaucoup la loi de Romulus. Pourquoi ces extenfions, fi on n'avoit jamais fait ufage de la faculté de répudier ? De plus, fi les citoyens eurent un tel refpect pour les aufpices, qu'ils ne répudièrent jamais, pourquoi les légiflateurs de Rome en eurent-ils moins ? Comment la loi corrompit-elle fans ceffe les mœurs ?

En rapprochant deux paffages de Plutarque, on verra disparoître le merveilleux du fait en queftion. La Loi Royale permettoit au mari de répudier dans les trois cas dont nous avons parlé. « Et elle vouloit, dit Plutarque, que » celui qui répudieroit dans d'autres cas, fût » obligé de donner la moitié de fes biens à fa » femme, & que l'autre moitié fût confacrée à » Cérès ». On pouvoit donc répudier, dans tous les cas, en fe foumettant à la peine. Perfonne ne le fit avant *Carvilius Ruga* « qui, » comme dit encore *Plutarque*, répudia fa » femme pour caufe de ftérilité, deux cent » trente ans après Romulus «. C'eft-à-dire, qu'il la répudia foixante-onze ans avant la Loi des Douze-Tables, qui étendit le pouvoir de répudier & les caufes de la répudiation.

EXTRAIT

DU DICTIONNAIRE PHILOSOPHIQUE

DE VOLTAIRE.

Article Mariage.

L'USAGE du divorce est établi dans tous les pays du Nord, chez tous les Réformés de toutes les Confessions possibles, & dans toute l'Eglise Grecque.

Le divorce est probablement de la même date à-peu-près que le mariage. Je crois pourtant que le mariage est de quelques semaines plus ancien, c'est-à-dire, qu'on se querella avec sa femme au bout de quinze jours ; qu'on la battit au bout d'un mois, & qu'on s'en sépara après six semaines de co-habitation.

Justinien, qui rassembla toutes les loix faites avant lui, auxquelles il ajouta les siennes, non-seulement confirme celle du divorce, mais il lui donne encore plus d'étendue ; au point que toute femme dont le mari était, non pas esclave, mais simplement prisonnier de guerre pendant cinq ans, pouvait, après les cinq ans révolus, contracter un autre mariage.

Juftinien était chrétien, & même théologien ; comment donc arriva-t-il que l'Eglife dérogeât à fes loix ? Ce fut quand l'Eglife devint fouveraine & légiflatrice. Les papes n'eurent pas de peine à fubftituer leurs décrétales au code, dans l'Occident plongé dans l'ignorance & dans la barbarie. Ils profitèrent tellement de la ftupidité des hommes, qu'Honorius III, Grégoire IX, Innocent III, défendirent, par leurs bulles, qu'on enfeignât le droit civil. On peut dire de cette hardieffe : *cela n'eft pas croyable, mais cela eft vrai.*

Comme l'Eglife jugea feule du mariage, elle jugea feule du divorce. Point de prince qui ait fait un divorce, & qui ait époufé une feconde femme fans l'ordre du pape, avant Henri VIII, roi d'Angleterre, qui ne fe paffa du pape qu'après avoir long-temps follicité fon procès en cour de Rome.

Cette coutume, établie dans des temps d'ignorance, fe perpétua dans les temps éclairés, par la feule raifon qu'elle exiftait. Tout abus s'éternife de lui-même ; c'eft l'écurie d'*Augias*, il faut un *Hercule* pour la nettoyer.

Henri IV ne put être père d'un roi de France que par une fentence du pape ; encore fallut-il, comme on l'a déjà remarqué, non pas pro-

noncer un divorce, mais mentir en pronon-
çant qu'il n'y avoit point eu de mariage.

EXTRAIT

DU DICTIONNAIRE PHILOSOPHIQUE

DE VOLTAIRE.

ADULTERE.

Mémoire d'un Magiftrat, écrit vers l'an 1764.

UN principal magiftrat d'une ville de France
a le malheur d'avoir une femme qui a été dé-
bauchée par un prêtre avant fon mariage, &
qui, depuis, s'eft couverte d'opprobre par des
fcandales publics : il a eu la modération de fe
féparer d'elle fans éclat. Cet homme, âgé de
quarante ans, vigoureux & d'une figure agréable,
a befoin d'une femme ; il eft trop fcrupuleux
pour chercher à féduire l'époufe d'un autre ; il
craint même le commerce d'une fille ou d'une
veuve qui lui fervirait de concubine. Dans cet
état inquiétant & douloureux, voici le précis
des plaintes qu'il adreffe à fon Eglife.

Mon époufe eft criminelle, & c'eft moi qu'on

punit. Une autre femme eſt néceſſaire à la conſolation de ma vie, à ma vertu même; & la ſecte dont je ſuis, me la refuſe; elle me défend de me marier avec une fille honnête. Les loix civiles d'aujourd'hui, malheureuſement fondées ſur le droit canon, me privent des droits de l'humanité. L'Egliſe me réduit à chercher, ou des plaiſirs qu'elle réprouve, ou des dédommagemens honteux qu'elle condamne; elle veut me forcer d'être criminel.

Je jette les yeux ſur tous les peuples de la terre; il n'y en a pas un ſeul, excepté le peuple catholique romain, chez qui le divorce & un nouveau mariage ne ſoient du droit naturel.

Quel renverſement de l'ordre a donc fait, chez les catholiques, une vertu de ſouffrir l'adultère, & un devoir de manquer de femme, quand on a été indignement outragé par la ſienne?

Pourquoi un lien pourri eſt-il indiſſoluble, malgré la grande loi adoptée par le code: *quidquid ligatur diſſolubile eſt?* On me permet la ſéparation de corps & de biens, & on ne me permet pas le divorce. La loi peut m'ôter ma femme, & elle me laiſſe un nom qu'on appelle *ſacrement!* Je ne jouis plus du mariage, & je ſuis marié. Quelle contradiction! quel eſclavage!

vage ! & fous quelles loix avons-nous reçu la naiſſance !

Ce qui eſt bien plus étrange, c'eſt que cette loi de mon Egliſe eſt directement contraire aux paroles que cette Egliſe elle-même croit avoir été prononcées par *Jeſus-Chriſt* (1). Quiconque a renvoyé ſa femme (excepté pour adultère), pèche s'il en prend une autre.

Je n'examine point ſi les pontifes de Rome ont été en droit de violer, à leur plaiſir, la loi de celui qu'ils regardent comme leur maître ; ſi, lorſqu'un état a beſoin d'un héritier, il eſt permis de répudier celle qui ne peut en donner. Je ne cherche point ſi une femme turbulente, attaquée de démence, ou homicide, ou empoiſonneuſe, ne doit pas être répudiée, auſſi bien qu'une adultère. Je m'en tiens au triſte état qui me concerne. Dieu me permet de me remarier, & l'Evêque de Rome ne me le permet pas.

Le divorce a été en uſage chez les Catholiques, ſous tous les Empereurs ; il l'a été dans tous les Etats démembrés de l'Empire Romain. Les rois de France, qu'on appelle de la première race, ont preſque tous répudié leurs femmes, pour en prendre de nouvelles. Enfin, il vint

_____

(1) Mathieu, chapitre XIX.

B

un Grégoire IX, ennemi des Empereurs & des
Rois, qui, par un décret, fit du mariage un
joug infecouable ; fa décrétale devint la loi de
l'Europe. Quand les Rois voulurent répudier
une femme adultère, felon la loi de Jefus-
Chrift, ils ne purent en venir à bout ; il fallut
en chercher des prétextes ridicules. *Louis-le-
Jeune fut* obligé, pour faire fon malheureux
divorce avec *Eléonore de Guyenne*, d'alléguer
une parenté qui n'exiftoit pas. Le Roi *Henri IV*,
pour répudier *Marguerite de Valois*, prétexta une
caufe encore plus fauffe, un défaut de confen-
tement. Il fallut mentir pour faire un divorce
légitimement.

Quoi ! un fouverain peut abdiquer fa cou-
ronnne, & fans la permiffion du pape il ne
pourra abdiquer fa femme ! Eft-il poffible que
des hommes, d'ailleurs éclairés, aient croupi
fi long-temps dans cette abfurde fervitude !

Que nos prêtres, que nos moines renoncent
aux femmes, j'y confens ; c'eft un attentat
contre la population, c'eft un malheur pour
eux ; mais ils méritent ce malheur qu'ils fe font
eux-mêmes. Ils ont été les victimes des papes
qui ont voulu avoir en eux des efclaves, des
foldats fans familles & fans Patrie, vivant
uniquement pour l'Eglife : mais moi ! magiftrat,

qui fers l'état toute la journée, j'ai befoin le foir d'une femme, & l'Eglife n'a pas le droit de me priver d'un bien que Dieu m'accorde. Les Apôtres étoient mariés, *Jofeph* étoit marié, & je veux l'être. Si moi Alfacien, je dépends d'un prêtre qui demeure à Rome, fi ce prêtre a la barbare puiffance de me priver d'une femme, qu'il me faffe eunuque pour chanter des *Miferere* dans fa Chapelle.

LÉGISLATEURS

Qui ont permis le Divorce.

Moïse, légiſlateur des Juifs, Deutéronome, chap. 24.

Minos, légiſlateur des Crétois. Potter, Archœologie grecque, liv. 4, chap. 12.

Solon, légiſlateur des Athéniens, Vie de Solon, par Plutarque.

Romulus, fondateur de Rome, Vie de Romulus, par Plutarque ; quinzième loi de Romulus, Moréri, article *loi*.

Les Décemvirs, chargés, à Rome, de faire un code de lois ; ſeptième loi des douze Tables, Moréry, article *loi*.

Confucius, légiſlateur des Chinois, Mémoire ſur les Chinois, par M. l'abbé Grozier, tome 14, page 383.

Théodoſe II, Empereur Chrétien. Loi 8 du code civil.

Juſtinien, Empereur Chrétien, qui a fait faire par cinq Juriſconſultes Chrétiens, le code du droit civil, adopté dans preſque toute la chré-

tienté. —Digeste, livre 24, titre 2 du divorce.
—Code, livre 5, titres 17, 18 & 24.

Justin, Empereur Chrétien, code civil, Novelles. Collation 4, titre premier.

Léon VI, Empereur Chrétien, code civil. Constitutions 3 & 112.

Mahomet; le Coran, chapitre 45, de la Répudiation.

Charlemagne, Roi de France & Empereur. Capitulaires, Baluze, livre 6, chapitre 19.

Frédéric II, Roi de Prusse, a fait faire & revu un nouveau code pour ses Etats. Voyez partie première, livre 2, titre 3, art. premier & 2. Ce code a été traduit en françois, & imprimé en 3 volumes, en 1751.

PEUPLES

Où le divorce étoit, ou est encore permis par les lois.

EGYPTIENS. Saint - Chryfoftôme, Homélie 17.

Athéniens. Plutarque, Vie d'Alcibiade. — Samuel Petit, Commentaire fur les lois athéniennes. — Anacharfis, tom. 1, pag. 175.

Lacédémoniens. Jean Potter, Archœologie grecque, livre 4, chapitre 12.

Crétois. Loix de Minos, Jean Potter, même ouvrage, même chapitre.

Juifs. Moïfe, Deutéronôme, chapitre 24. — Buxtorf, du mariage & du divorce, feconde partie, numéros 11, 93 & 96.

Romains. Quinzième loi de Romulus dans Moréri. — Vie de Romulus, par Plutarque. — Septième loi des douze Tables dans Moréri.

Bas-Empire. voyez les diverfes loix du code civil citées ci-deffus, art. Juftinien.

Chinois. Mémoires concernant les Chinois, par M. l'abbé Grozier, tom. 14, pag. 383.

France. Jufqu'au douzième fiècle. Capitulaires

de 757, faits dans l'affemblée générale du peuple, des Etats - Généraux, tom. 3., chapitre 7. — Formule de Marculphe, livre 2, chapitre 30. — Voyez les exemples nombreux de divorces dans le livre *du Divorce*, par M. Hennet, feconde édition, pag. 30.

Turquie. Le Koran, chap. 45, de la répudiation.

Ruffie. Le divorce y eft permis, ainfi que dans toute l'Eglife grecque. — Hiftoire du Concile de Trente, par Paoli.

Pologne. Statuts de Pologne, imprimés à Dantzick, en 1620. Hiftoire de Jean Sobieski, par l'abbé Coyer, tom. 1, pag. 116. — Abrégé chronologique des Royaumes du Nord, par Lacombe. — Voyez la confultation ci-après.

Allemagne. Toute la partie de la confeffion d'Augsbourg.

Pruffe. Code Frédéric, ou corps de droit pour les Etats du Roi de Pruffe. Traduit de l'Allemand, 1751, 3 vol. in-8°.

Suiffe. Voyage en Suiffe, par M. Robert, 1789, tom. 1, pag. 72. Voyez la confultation ci-après.

Angleterre. Courier de l'Europe, 13 & 24 mars 1789.

OUVRAGES THÉOLOGIQUES,

Favorables au Divorce.

ANCIEN Teſtament. Deutéronome, chapitre 24.

Salomon. Proverbes du Sage, eccléſiaſte 25.

Nouveau Teſtament. Saint Mathieu, chapitre 19.

Saint Auguſtin. Traité de la foi & des mœurs, chapitre 19.

Saint Auguſtin. Sermon de Dieu ſur la montagne, livre premier, chap. 6, N°. 50.

Saint Ambroiſe. Commentaire ſur Saint Luc.

Origène. Diſſertation ſur Saint Mathieu.

Saint Epiphanes. Hérés. 59, N°. 4.

Lactance. Du culte divin, livre 6, chapitre 23.

Saint Chriſoſtome. Homélie 19 ſur la première épitre aux Corinthiens.

Théodoret, Evêque de Tyr. Oraiſon 9, ſur les lois.

ECRIVAINS

MORALISTES ET PUBLICISTES,

Qui ont écrit en faveur du Divorce.

Montaigne. Essais de morale, *voyez ci-dessus.*

Charron. De la sagesse, *voyez ci-dessus.*

Milton. La doctrine & la discipline du divorce rétablie pour le bien commun des deux sexes & ramenée au vrai sens de l'écriture. Mémoire présenté au parlement d'Angleterre en 1645.

Montesquieu. Lettres Persannes, *voyez ci-dessus.*

Montesquieu. Esprit des Loix, *voyez ci-dessus.*

Boulanger. Christianisme dévoilé, chapitre 12.

Voltaire. Dictionnaire Philosophique, articles adultère & divorce, *voyez ci-dessus.*

OUVRAGES

Qui ont paru fur le divorce, avant l'ouverture des Etats-Généraux.

Rêveries politiques du Maréchal de Saxe.

Mémoire fur la population. *Londres*, 1768, in-8°.

Légiflation du divorce. *Londres*, 1770, in-12.

Dictionnaire des ufages & coutumes des François, art. Divorce.

Le cri d'un honnête homme.

Mœurs & coutumes de tous les peuples, par M. Demeunier, tome 1, chapitre 8.

Les Mois, poème par M. Roucher, chant 12. Une note fur ce chant renferme une differtation intéreffante fur le Divorce.

Le parloir de l'abbaye de..... ou entretien fur le divorce.

Le cri d'une honnête femme.

Contrat conjugal, ou loix du **mariage**. De la répudiation & du divorce. *Neuchâtel*, 1783, in-8°.

Encyclopédie méthodique, dictionnaire d'économie, politique, &c. Par M. Demeunier ; député à l'affemblée nationale, art. divorce.

Encyclopédie méthodique, dictionnaire de jurifprudence, art. mariage & divorce.

Encyclopédie méthodique, dictionnaire de théologie, art. divorce.

OUVRAGES

Qui ont paru fur le divorce, depuis l'ouverture des Etats-Généraux.

TRAITÉ philofophique, théologique & politique de la loi du divorce. Par M. Martini. Juin 1789, 1 vol., chez Cuffac, libraire au Palais-Royal.

Légitimité du divorce, prouvée par les Saintes Ecritures. Par M. Linguet, 1789. Chez l'auteur, rue du Jardinet.

Etats provinciaux comparés aux affemblées provinciales. Par M. Loifeau, Avocat, 1789.

Réflexions d'un bon citoyen, en faveur du divorce. Par M. l'abbé de.... 10 pages, 1789.

Griefs & plaintes des femmes mal mariées. Par M. de Cailly, 1789. Chez Boulard, libraire, rue Neuve Saint-Roch, N°. 51.

Du Divorce. Par M. Hennet, feconde édition. Chez Defenne, au Palais-Royal, 1 vol. 1789.

Effai fur la légiflation & les finances de la France. Par M. de la Porte, agent de change à Bordeaux, 1789; pages 33 & 113. Chez Gaftellier, libraire, rue neuve Notre-Dame.

Adreffe préfentée à l'affemblée nationale, par les citoyens d'Alface, de la confeffion d'Augsbourg, 1789.

Adreffe aux amis de la paix. Par M. Servan, 1789. *Voyez la page* 23.

Obfervations fur le divorce. Par M. le chevalier d'Entraigues; 55 pages, 1789. Chez Baudoin, Imprimeur de l'affemblée nationale.

Voyage en Suiffe, par M. Robert, tome premier, pag. 72. *Paris*, 1789.

Le divorce, ou l'art de rendre les ménages heureux, 1790, 20 pages. Chez Devaux, libraire au Palais-Royal.

Lettre par M. Tapin, fur le mariage, 1790, 7 pages.

Lettre du marquis de C.... au comte de T... fur le divorce, 1790, 20 pag.

Effais fur les mœurs, ou point de conftitution fans mœurs, 1790, 1 vol., 158 pages. *Voyez la pag.* 144.

Adreffe préfentée à l'affemblée nationale, par les citoyens de la confeffion d'Augsbourg, habitans de l'ancienne province de Franche-Comté.

L'ami des enfans; motion en faveur du divorce, 1790. Chez Devaux, libraire au Palais-Royal.

Dialogue des Dieux fur les affaires du temps. Par M. Meflin, 1790, pag. 34.

Des premiers principes du fystême focial, 1790; page 87. Chez Guerbart, libraire, Porte Saint-Jacques, & fur le Pont-Neuf.

Hiftoire du Palais-Royal. Par M. Rétif de la Bretonne, 1790, tome 3, partie 2.

Motion fur l'article X I I du titre 9 du projet fur l'ordre judiciaire. Par M. Goffin, député à l'affemblée nationale. *Paris*, 1790. Chez Baudoin, Imprimeur de l'affemblée nationale.

Le divorce, par le meilleur ami des femmes, fuivi d'une adreffe au clergé. *Paris*, 1790. Chez Gueffier le jeune, rue du Hurpoix, N°. 17

L'homme mal marié. Queftion à l'auteur du divorce. *Paris*, 1790. Chez Caille, libraire, rue de la Harpe, N°. 31. Chez Garnery, libraire, rue Serpente, N°. 17.

Vues légiflatives pour les femmes, adreffées à l'affemblée nationale par Mademoifelle Jodin. *Angers*, 1790. A Angers, chez Mame, libraire, rue Saint-Land.

Mémoire fur le divorce, 1790.

La néceffité du divorce. *Paris*; 1790. Chez Boulard, libraire, rue Neuve Saint - Roch, N°. 51.

Projet de loi pour les mariages, préfenté à
nationale par Pierre le Noble. *Paris*, 1790.
Chez Garnery, libraire, rue Serpente, N°. 17.

Evénement arrivé dans la rue Saint-Martin.
Mort tragique d'un mari qui plaidoit contre fa
femme, & qui vouloit tuer fa belle-mère. *Paris*,
1790.

Elémens de morale univerfelle, ou cathé-
chifme de la nature. Par feu le Baron d'Holbach.
Paris, 1790, page 97. Chez Debure, rue Serpente, N°. 6.

Sermon capucino - philofophique fur le ma-
riage des prêtres & le divorce. *Paris*, 1790.
Chez Monory, libraire, rue de la Comédie
Françoife.

Obfervation fur l'accord de la raifon & de
la religion pour le rétabliffement du divorce.
Par M. Bouchotte, député, 1791. Chez Baudoin, libraire de l'affemblée nationale.

Emilie de Varmont, ou le divorce nécef-
faire ; Roman par M. Louvet. *Paris*, 1791.
Chez Bailly, libraire, rue Saint-Honoré.

Lettre à Mad. de .., fur le Divorce. *Paris*,
1791 ; 27 pages.

Effai fur l'éducation & l'exiftence civile des
femmes. Par M. Rouffeau, député extraordi-

naire de Tonnerre. Chez l'auteur, rue de la Verrerie, N°. 84.

Il est temps de donner aux époux, qui ne peuvent vivre ensemble, la faculté de former de nouveaux nœuds. *Paris.* Juin, 1791.

Les Mariages heureux, ou Empire du Divorce, suivi d'une réfutation contre le Divorce. Par M. F.... Juge de Brives, 1791. Chez Laurens jeune, libraire, rue Saint - Jacques, N°. 37, vis-à-vis celle des Mathurins.

OUVRAGES

OUVRAGES

Contre le Divorce.

LETTRES fur le divorce, ou réfutation du livre intitulé : *du Divorce.* Par M. l'abbé Baruel.

L'indiffolubilité du mariage vengée, ou réfutation du livre intitulé : *du Divorce.*

Obfervations fur le divorce, ou réfutation du même livre. De l'Imprimerie nationale.

Accord de la révélation & de la raifon contre le divorce, ou réfutation du même livre. Par M. l'abbé Chapt de Raftignac, député à l'affemblée nationale.

La queftion du divorce, ou réfutation du même livre. Par M. l'abbé.....

Deux éditions de l'ouvrage de M. Hennet font épuifées ; mais les cinq réfutations ci-deffus fe trouvent en grand nombre chez leurs libraires.

JOURNAUX

Dans lesquels il est parlé du Divorce.

Ouvrages périodiques, qui ont analisé le livre intitulé : Du Divorce *, par M. Hennet.*

GAZETTE de Paris. 3 , 5 , 6 , 7 Décembre 1789.
Spectateur national. 5 Décembre 1789.
Courier patriote. 16 Décembre 1789.
Moniteur univerfel. Premier Janvier 1790.
Chronique de Paris. 8 Janvier 1790.
Journal enciclopédique. 31 Janvier 1790.
Mercure national. 28 Février. 1790.

Annonces d'autres livres fur le Divorce.

Petites Affiches. 12 Novembre. 1789.
Courier national. 30 Novembre 1789.
Spectateur national. Premier Janvier 1790.
Annales patriotiques. 5 Janvier 1790.
Spectateur national. 12 Janvier 1790.
Moniteur univerfel. 29 Janvier 1790.
Spectateur national. 22 Février 1790.
Chronique de Paris. 4 Février 1790.
Chronique de Paris. 24 Février 1790.

Spectateur national. 6 Mai 1790.
Journal de Versailles. 19 Août 1790.
Moniteur universel. 2 Juin 1790.

Lettres diverses sur le Divorce.

Club des observateurs. 12 Décembre 1789.
Spectateur national. 2 Janvier 1789.
Moniteur universel. 25 Juin 1790.
Assemblée nationale. N°. 30.
Journal gratuit. Education. N°. 13.
Feuille du Jour. 17 & 22 Juin 1791.

Dissertations en faveur du Divorce.

Spectateur national. 16 Janvier 1790.
Annales Universelles . . . . . 1790.
Bouche de Fer. Treizième Livraison.
Révolutions de Paris. N°. 85. 19 Fév. 1791.

CONSULTATION

SUR LES LOIS ET LES USAGES

QUI S'OBSERVENT

SUR LE DIVORCE;

EN POLOGNE

ET

DANS LA SUISSE PROTESTANTE.

1791.

L'Ouvrage intitulé : Du Divorce , par M. Hennet,
contient , dans la troisieme partie , un projet de loi.
On a préféré ici laisser la colonne du projet de loi
en blanc , pour que le lecteur pût y mettre ses idées.

CONSULTATION.

CE mémoire a pour objet de connaître les lois ou les usages qui s'observent sur le Divorce, c'est-à-dire sur l'acte par lequel on dissout un mariage légitimement contracté et consommé, avec faculté aux époux divorcés de former, chacun de leur côté, un nouveau mariage.

Réponse de la Pologne.

IL est certain que l'on voit très-fréquemment en Pologne deux époux se quitter et former ensuite de nouveaux nœuds.

Cet acte n'est cependant pas tout-à-fait un divorce; car il consiste, non à dissoudre un mariage légitime et valide, mais à déclarer un mariage nul et comme non avenu.

Ce n'est cependant pas non plus tout-à-fait une nullité; car ce qui est nul ne peut produire d'effets, et les enfans d'un mariage nul sont illégitimes; au lieu qu'en Pologne, cette espèce de nullité n'empêche pas les enfans d'être légitimes.

REMARQUE.

Il est aisé de voir que tout ceci n'est qu'une dispute de mots. Pour concilier l'usage de la Pologne et celui de l'église romaine, on est convenu que, d'un côté, les époux qui voudraient divorcer prétexteraient quelques causes de nullité, et de l'autre, que les juges ecclésiastiques auraient, en Pologne, pour l'admission de ces causes, une facilité qu'ils n'ont dans aucune autre partie de la catholicité.

Au reste, personne ne s'y trompe : le peuple de Pologne donne à ces nullités apparentes le nom de Divorce; elles ont tous les effets du divorce.

Enfin, cela est si vrai, que les époux, en se mariant, insèrent très-souvent dans leurs contrats des stipulations en cas de divorce. Si c'étaient de vraies nullités, il vaudrait mieux y avoir égard avant le mariage.

Réponse de la Suisse.   PROJET DE LOI.

LE Divorce est permis dans les cantons Protes-tans, et il y est très-rare. Il est deffendu dans les cantons Catholiques, et les séparations y sont très-communes.

CONSULTATION.	Réponse de la Pologne.

1er.

1er.

Existe-t-il un recueil ou un traité des lois sur le Divorce ? Dans ce cas on voudrait l'avoir.

Il n'y a point de lois civiles sur le Divorce : dans toutes les affaires de ce genre, on suit exactement les réglemens de l'Eglise et les bulles du Pape.

2.

2.

Quelles sont les causes pour lesquelles le divorce s'accorde ?

Les raisons pour lesquelles on peut demander le Divorce, sont absolument les mêmes que celles qui rendent nuls les mariages par le droit ecclésiastique, et qui sont connues sous le nom *d'empêchemens dirimans,* compris dans cinq vers latins, dont voici la traduction :

L'erreur, la condition, la profession religieuse, les ordres sacrés, la différence de religion, un premier mariage subsistant, la parenté, le crime, l'honnêteté, l'impuissance, la violence.

La Pologne ne connaît

Réponſe de la Suiſſe.   P.R O J E T D E L O I.

1er.

Oui, il existe un code matrimonial du siècle dernier. Il est d'une barbarie horrible , et favorise des crimes pour corriger des faiblesses. On est justement occupé à l'abroger.

2.

Le Divorce s'accorde aisément dans l'adultère ou dans le dérangement de fortune accompagné de fuite ; mais il ne s'obtient, sur des sévices et sur l'incompatibilité d'humeurs , que graduellement ; c'est-à-dire , en commençant par une séparation à temps. Si cependant les parties sont d'accord, l'une à accuser, l'autre à convenir de certains torts graves, alors la séparation totale peut s'obtenir.

CONSULTATION.

Réponse de la Pologne,

point d'autres empêche-mens particuliérement établis ni par les Sinodes, ni par aucun acte du pou-voir législatif ; mais tan-dis que, dans le reste de la catholicité , la juris-prudence sur les cassa-tions de mariages, a beau-coup resserré les causes ci-dessus, elle leur laisse en Pologne une grande extension, sur-tout à la dernière, qui est la vio-lence.

3.

L'adultère est-il une cause de Divorce ?

3.

En Pologne, l'adul-tère ne dissout point le mariage parmi les Catho-liques, mais bien parmi les Grecs ; les Grecs unis à l'Eglise latine, suivent à cet égard la même doctrine que les Grecs non unis.

4.

L'incompatibilité des caractères est-elle une cause de divorce ?

4.

Non , les époux ont alors recours à quelque moyen de nullité, et le

3.

Oui ; sur-tout quand il est à craindre qu'une femme fugitive ne ramène à son mari des enfans qu'il serait forcé de reconnaître.

4.

L'incompatibilité doit être prouvée par des épreuves graduées.

CONSULTATION.

plus souvent leurs parens se laissent accuser de les avoir forcés de se marier.

5.

La faculté de divorcer est-elle égale pour le mari et pour la femme?

5.

Comme le contrat de mariage est commun au mari et à la femme, de même les moyens de demander le divorce sont communs à l'un et à l'autre.

6.

Comment se forme une demande en divorce par le mari?

6.

La demande de divorce se fait comme les autres demandes judiciaires, en exposant, dans la requête ou le *libelle*, les raisons que l'on a de regarder le mariage comme illégitime et de nulle valeur, et en se présentant pour en donner les preuves. On observe la bulle de Benoît XIV, *Dei miserationis* de 1741.

7.

Comment se forme celle demande par la femme?

7.

Même réponse.

5.

Elle est absolument égale pour le mari et pour la femme.

6.

Chaque partie se présente avec son conseil.

7.

Voyez ci-dessus.

CONSULTATION.	*Réponse de la Pologne.*
8.	**8.**
Quels sont les premiers juges du Divorce ?	Les mêmes que le droit canonique a établis dans toutes les affaires soumises à la jurisdiction ecclésiastique, c'est-à-dire, les évêques.
9.	**9.**
Quels sont les juges d'appel et en dernier ressort ?	On peut régulièrement appeler de l'évêque au primat, du primat au nonce du Saint Siége, et de celui-ci aux tribunaux de Rome, ou au Pape directement, qui nomme ordinairement des juges délégués *ad hoc* en seconde et troisième instance. Cependant, entre le primat, le nonce et les tribunaux de Rome, la *prévention* a lieu, ainsi que dans presque tous les procès soumis à jurisdiction ecclésiastique.
10.	**10.**
Pourrait-on avoir la copie ou l'imprimé d'une sentence ou d'un arrêt	Il serait inutile d'en envoyer : il n'y en a absolument d'autres que

8.

Les plaintes sont por-
tées d'abord devant les
consistoires des paroisses
auxquelles assistent les
pasteurs.

9.

Les procès - verbaux
sont ensuites adressés au
consistoire suprême, qui
est juge unique et sans
appel. Ce tribunal est
composé d'ecclésiastiques
et de magistrats ; ces der-
niers y sont en plus grand
nombre.

10.

Il est possible de se
procurer à Zurich des
copies ou extraits de tous

CONSULTATION.

de Divorce ?

II.

Combien de temps dure ordinairement une procédure de Divorce ?

12.

L'homme et la femme divorcés peuvent-ils se remarier, chacun de leur côté, sans distinction du coupable ?

Réponse de la Pologne.

celles qu'on prononce dans tous les jugemens de nullité de mariage, dont les cas et les actes se ressemblent à peu près, et se trouvent par-tout chez les évêques et dans les archives des congrégations de Rome.

II.

La durée des procès dépend des circonstances et sur-tout du nombre des instances ou appellations ; car on peut *etiam tertio provocare*. Ordinairement les parties étant d'accord à se séparer, lorsque l'on va devant le juge, les preuves de la nullité sont préparées de manière que le procès est bientôt achevé.

12.

Le contrat de mariage étant déclaré nul, les parties rentrent également dans leurs droits naturels et il leur libre de prendre
les

les actes publics.

11.

La procédure est fort
simple, et dure un mois
au plus ; mais quand il
s'agit d'incompatibilité, le
consistoire prononce d'a-
bord une séparation pro-
visoire d'un an, et, ce
temps expiré, si les par-
ties persistent dans leur
demande, le divorce est
prononcé.

12.

Tous deux peuvent
également se remarier.

CONSULTATION.

13.

Après le divorce, combien de temps le mari est-il obligé d'attendre avant de se remarier?

14.

Et la femme, combien doit-elle attendre ?

15.

Si c'est le mari qui obtient le divorce contre sa femme, que devient la dot de cette femme?

16.

Même question quand c'est la femme qui obtient le Divorce contre le mari?

17.

Que deviennent les autres biens de la femme, quand le mari obtient le divorce ?

Réponse de la Pologne:

aussi-tôt de nouveaux engagemens.

13.

Le jugement définitif une fois prononcé, suivant la bulle du pape Benoît XIV, aussi-tôt les parties peuvent se remarier.

14.

Même réponse.

15.

Quelque soit la partie qui ait demandé le divorce, dès que la nullité du mariage est déclarée, la dot doit être rendue à la femme.

16.

Même réponse.

17.

Le mariage déclaré nul par le Divorce, tous les biens de la femme extra-dotaux, paraphernaux,

Réponse de la Suisse.   PROJET DE LOI.

13.

L'opinion publique for-
cerait le mari d'observer
une *quarantaine* de deuil
au moins ; il attend ordinairement six mois.

14.

La femme ne peut se
remarier qu'au bout d'un
an.

15.

La femme garde la dot.

16.

Et sur-tout dans ce cas.

17.

La femme les garde.

CONSULTATION.	*Réponse de la Pologne*
	présens de noces, etc. lui reviennent de droit.

18.

Même question quand la femme obtient divorce.

18.

De même.

19.

Que devient le douaire ou la donation que le mari a faite à la femme, quand c'est lui qui obtient le divorce.

19.

Toujours par la même raison, le contrat étant déclaré nul, tous les engagemens qui ont fait partie de ce contract tombent d'eux-mêmes.

20.

Même question, quand c'est la femme.

20.

Même réponse,

21.

Qu'arrive-t-il quand la femme n'a ni dot, ni bien, ni douaire, si le divorce est accordé au mari?

21.

Le mari n'est tenu à rien envers la femme, ni dans ce cas,

22

Même question, s'il est accordé à la femme.

22.

Ni dans celui-ci.

23.

Quand le mari est beaucoup plus riche que la femme, n'est-il pas tenu de lui faire une pension?

23.

Non.

Réponse de la Suisse.   PROJET DE LOI.

18.

Et dans ce cas, à plus forte raison.

19.

20.

21.

La femme coupable est abandonnée à son sort.

22.

Elle obtient alors une pension sur les biens du mari, sur-tout s'il est riche.

23.

Même réponse qu'à l'article précédent.

CONSULTATION.

24.

La femme beaucoup plus riche que le mari, n'est-elle pas tenue aussi à lui faire une pension ?

Réponse de la Pologne.

24.

Non.

25.

Quand la femme divorcée se remarie, ce mariage change-t-il quelque chose à ce qui a été réglé lors du divorce, pour sa dot, pour ses biens, pour son douaire, et pour une pension, si elle en a ?

25.

Comme il n'a été réglé autre chose lors du divorce, que de remettre les parties en l'état où elles étoient avant le mariage, il est clair qu'un nouveau mariage ne peut rien changer.

26.

Le mariage-subséquent du mari change-t-il aussi quelque chose à ce qui est reglé pour lui à l'instant du divorce ?

26.

Même réponse.

27.

Quel nom, quel titre porte la femme divorcée et qui n'est pas remariée ?

27.

Le Divorce Polonais est, comme on l'a dit, une nullité qui diffère cependant, en plusieurs

Réponse de la Suisse.   **PROJET DE LOI.**

24.

Le mari pauvre d'une femme riche peut obtenir cette pension ; mais il est plus ordinaire de prononcer une amende en sa faveur, sur la dot, quand il est partie plaignante.

25.

Le Divorce une fois prononcé , le mariage subséquent des parties ne change rien.

26.

Même réponse.

27.

Son nom de famille.

points de la nullité réelle: ici, par exemple, en considération de la bonne foi dans laquelle les époux divorcés ont vécu ensemble pendant le mariage, l'usage a établi que la femme, après le divorce, porte le nom du mari qu'elle quitte. Il n'y a point de loi pour cela ; mais devant tous les tribunaux et dans tous les actes juridiques, elle est reconnue sous ce nom.

28.

Un mari peut-il obtenir le divorce plus d'une fois ?

28.

Le divorce a lieu autant de fois que l'on peut prouver la nullité du mariage, et la Pologne en offre des exemples tous les jours.

29.

Le Divorce s'accorde-t-il aussi plus d'une fois à la même femme ?

29.

Même réponse.

30.

Quand le mari obtient le divorce, à qui est confiée la garde et l'éduca-

30.

Ordinairement les deux époux font leurs conventions d'avance et pren-

28.

Aucune loi ne statue le contraire.

29.

Même réponse,

30.

Le partage des enfans dépend de l'équité des juges, qui se décident

CONSULTATION.	*Réponse de la Pologne.*
tion des enfans?	nent d'accord les arrangemens nécessaires pour l'entretien et l'éducation des enfans. Quelquefois, c'est le juge qui intervient comme arbitre, ou qui détermine ces mêmes arrangemens. Aujourd'hui même, on a presque communément la coutume d'insérer , dans le contrat de mariage, des articles relatifs aux mesures à prendre en cas de divorce.

31.

Mêmes questions quand c'est la femme qui obtient le divorce contre le mari.

31.

Mêmes réponses. Souvent on confie les enfans à des gouverneurs, ou on les met en pension.

32.

Celui des époux qui ne conserve pas les enfans, n'a-t-il pas droit de les voir une fois par mois ou par semaine ?

32.

Il n'y a pas de loi à cet égard, cela dépend entièrement de la bonne volonté des parties.

33.

Celui des époux qui ne garde pas les enfans doit-il contribuer aux frais de

33.

Tout cela dépend des arrangemens insérés dans l'acte du divorce.

Réponse.de la Suisse.   PROJET DE LOI.

eux-mêmes par l'intérêt
des enfans. La partie
plaignante a souvent la
préférence pour les gar-
der. Quelquefois le mari
prend les garçons, et la
femme les filles.

31.

Même réponse qu'à
l'article précédent.

32.

Oui ; à moins que sa
conduite ne soit scanda-
leuse pour les enfans.

33.

Oui ; sur-tout si cela
ètoit nécessaire par le
peu de fortune de la par-

leur education ?

34.

Le nouveau mariage d'un des epoux divo ces lui fait-il perdre les en- fans dont il avoit la garde?

34.

Cela dépend aussi des conventions ; mais , de droit, le nouveau mariage n'empêche point de gar- der les enfans dont on s'est chargé.

35.

Quelles sont les lois suivies pour les biens des enfans dont les parens ont divorcé ? Existe-t-il sur cet objet , une loi particulière : dans ce cas, ne pourrait-on pas en avoir une copie ou un exemplaire imprimé?

35.

La null.te du mariage en Polo. ne, n'est pas une nullité reelle, car ce qui est nul n'a pu produire d'effet ; ainsi les enfans devraient être illégitimes. Or, la loi les reconnaît. pour légitimes, et les en- fans des parens divorcés héritent du bien paternel et maternel, comme ceux nés d'un vrai mariage.

36.

À l'instant où le di- vorce est accordé , ne fait-on pas un inventaire des biens du père et de la mère ?

36.

Non.

tie qui garde les enfans,
fût-elle coupable ou non.

34.

Non.

35.

Les enfans des divor-
cés héritent de leurs pè-
res et mères, comme les
autres, d'après les lois
ordinaires de l'état.

36.

Si chacune des parties
est exempte de reproche
de dissipation, et qu'il n'y
ait pas de raison d'inter-
diction, le Divorce n'a
rien à faire avec la libre
gestion des biens; ainsi

37.

Peut-être suit-on pour les mariages des divorcés les mêmes règles que pour les mariages des veufs. Dans ce cas, s'il y a une loi pour les secondes noces, ne pourroit-on pas en avoir un exemplaire?

37.

Il n'y a pas de loi pour les secondes noces ; on suit, en tout point, les règles canoniques.

38.

Les enfans n'ont-ils pas la propriété du douaire ou de la donation faite par le mari à la femme?

38.

Non.

39.

Le père divorcé qui se remarie n'est-il pas tenu d'assurer à ses enfans une portion quelconque de ses biens, ou au moins leurs légitimes?

39.

Point de loi particulière.

40.

La mère divorcée et remariée n'est-elle pas tenue aux mêmes obligations?

40.

De même que ci-dessus.

Réponse de la Suisse.   PROJET DE LOI.

un inventaire ne peut être exigé.

37.

Précisément : ils sont veufs, et toutes les lois civiles sur les héritagss sont dans la collection des Décrets, imprimés en 3 vol. in-8°.

38.

Non avant la mort de la mère.

39.

Non ; mais il ne peut pas non plus les priver de leur part à sa succession, puisque la loi de l'Etat ne connoît les déshéritations que par permission expresse du conseil.

40.

Même réponse que ci-dessus.

CONSULTATION. | *Réponse de la Pologne.*

41.

Y a-t-il une proportion fixée pour le douaire ou la donation que mari divorcé peut faire à sa seconde femme ?

41.

Non ; les nouveaux contractans sont libres à cet égard.

42.

Y a-t-il de même une proportion fixée pour la donation qu'une femme peut faire à son second mari ?

42.

Même réponse.

43.

Comment se partage la succession d'un père qui a eu un enfant du premier lit et deux du second lit ?

43.

Tous ces enfans succèdent à leur père sans distinction, par têtes et par portions égales.

Au reste, il y a, sur les successions, des lois différentes en Pologne, entre les diverses provinces et les diverses classes de citoyens ; mais elles sont communes à tous les enfans dont les parens ont ou n'ont pas divorcé.

Réponse

41.

Non.

42.

Encore non.

43.

Par portions égales en-
tre tous les enfans, sans
distinction de lit.

TABLE
DES MATIERES.

De l'Imprimerie de LA FEUILLE DU JOUR, rue de Boudi, N°. 74, à côté de l'Opera.

www.ingramcontent.com/pod-product-compliance
Lightning Source LLC
Chambersburg PA
CBHW071301200326
41521CB00009B/1868